4권 이중자음

SUPER MAGIC PHONICS

슈퍼 매직 파닉스 학습 로드맵

Let's Go!

첫 파닉스, 캐릭터 소리로 즐겁게 시작해요!

파닉스, 왜 중요할까요?

'파닉스'는 글자와 소리의 관계를 배우는 학습법이에요. 글자 소리를 익히고 그 소리들을 조합해서 단어를 읽을 수 있도록 도와주지요. 영어를 시작하는 아이들이 파닉스를 배우면 처음 보는 영어 단어도 쉽게 소리 내어 읽을 수 있답니다. 특히 단어를 통째로 외우기보다, 아이가 스스로 단어를 읽는 힘을 기를 수 있어 영어 학습 초기에 더욱 효과적이에요.

알파벳 캐릭터 친구들과 함께 재미있게 파닉스를 익혀요!

파닉스를 배울 때 기본은 알파벳 26글자의 대표 소리를 익히는 거예요. 《슈퍼 매직 파닉스》에는 알파벳 글자의 대표 소리를 내는 캐릭터들이 등장해요. 예를 들어, a 캐릭터는 앰뷸런스의 사이렌이 울리듯 '애' 소리를 내고, m 캐릭터는 맛있는 음식 냄새를 맡는 것처럼 '음' 소리를 내요. 알파벳 캐릭터 친구들이 내는 소리를 재미있게 따라하다 보면, 알파벳 글자의 대표 소리를 쉽게 기억할 수 있어요.

동영상 속 노래를 신나게 따라 부르면 단어가 술술 읽혀요!

영어를 시작하는 아이들에게는 의미 있는 학습 놀이를 통해 흥미를 끌어주는 것이 중요해요. 《슈퍼 매직 파닉스》는 알파벳 캐릭터 친구들이 나오는 216편의 노래와 챈트 동영상, 그리고 책 속 다양한 학습 놀이 활동으로 파닉스를 즐겁게 배울 수 있습니다. 개성 넘치는 알파벳 캐릭터 친구들의 노래와 챈트를 따라 부르다 보면 어느새 글자 소리가 입에 착 붙고, 단어가 술술 읽히게 될 거예요. 또, 책에서 스티커 붙이기와 글자 쓰기 활동으로 글자와 소리의 관계를 한 번 더 확인할 수 있어요.

《슈퍼 매직 파닉스》는 아이들이 글자를 보고 자신 있게 소리 내어 읽을 수 있는 힘을 길러줍니다. 알파벳 캐릭터 친구들과 함께 신나는 첫 파닉스를 시작해 보세요!

- 슈퍼홈스쿨연구소 -

슈퍼 파닉스 학습 가이드

이중자음이 뭐예요?

이중자음은 자음과 자음이 나란히 있는 것을 말해요. 이중자음에는 두 글자의 소리를 이어서 그대로 소리 나는 경우와 글자는 둘이지만 하나의 소리로 나는 경우가 있어요. 《슈퍼 매직 파닉스》 4권에서는 두 글자의 소리를 이어서 그대로 소리 나는 이중자음을 배워 볼 거예요.

이중자음을 블렌딩으로 읽어요!

블렌딩은 각 글자의 소리를 부드럽게 이어서 읽는 방법이에요. 지금까지 am처럼 모음과 자음을 블렌딩해서 나는 소리를 배웠어요. 이제 자음과 자음을 블렌딩해서 나는 소리를 배워 봅시다. 예를 들어, clam이라는 단어를 읽어 볼까요?

먼저 자음 c의 'ㅋ' 소리와 자음 l의 '을' 소리를 이어서 'ㅋ을', 빠르게 '클' 소리로 만들어요.

/ㅋ/ /을/ /클/

그 뒤로 am의 '앰' 소리를 부드럽게 이어서 '클앰'이라고 읽어요.

/클/ /앰/ /클앰/

이렇게 cl 소리를 한 덩어리로 익히면 clap, clock처럼 cl이 들어간 다른 단어들도 쉽게 읽을 수 있어요. 처음에는 clam처럼 짧은 단어부터 연습하고, 나중에는 smile, grapes처럼 자음과 모음이 여러 개 들어간 긴 단어도 읽어 보세요. 블렌딩을 잘 연습하면 어떤 단어든 쉽게 읽을 수 있어요.

• 영어 발음을 쉽게 이해할 수 있도록 우리말로 표기했습니다. 정확한 발음은 동영상의 원어민 소리를 듣고 따라하며 익혀 주세요.

이렇게 공부해요

Step 1 소리 듣기

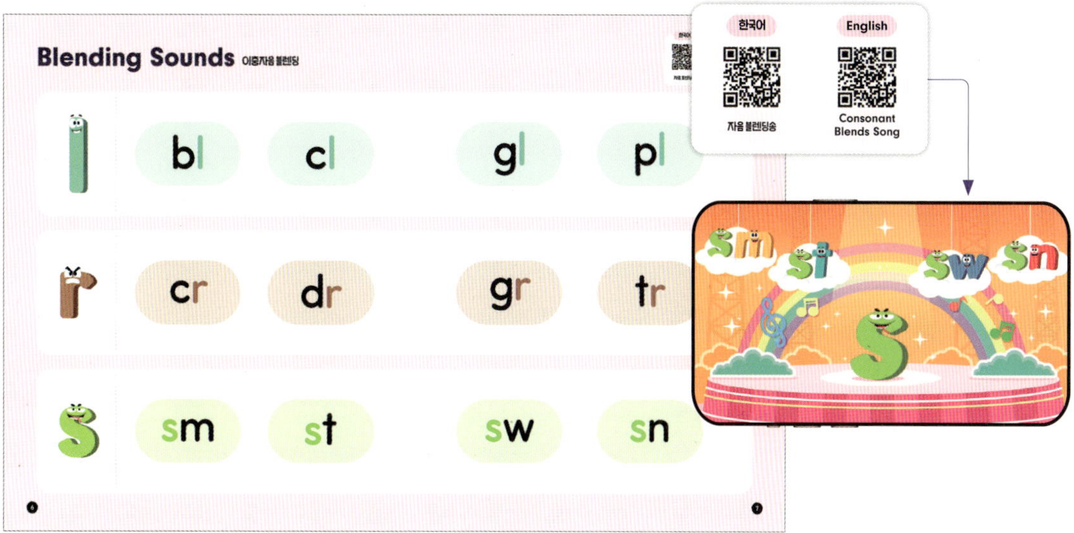

슈퍼 파닉스 친구들을 만나는 페이지입니다. QR 코드를 찍어 슈퍼 파닉스 친구들이 나오는 동영상을 보고, 노래를 따라 불러요.

• 한국어 가사로 노래를 익힌 후, 영어 가사로 신나게 따라 불러 보세요.

Step 2 소리 알기

Lesson Guide

레슨 가이드를 활용하여 아이와 대화를 나눠 보세요.

숨은그림찾기로 앞에서 배운 단어를 복습해요.

❶ **소리 알기** QR 코드를 찍어 동영상을 먼저 보세요. 슈퍼 파닉스 친구들이 내는 소리를 듣고 재미있게 따라하며 익혀요.

❷ **단어 알기** 일상에서 자주 사용하는 단어에서 오늘 배운 소리를 찾아보고, 큰 소리로 따라 읽어 보세요.

Step 3 단어 읽기

❶ **챈트 따라 부르기** QR 코드를 찍어 워드 챈트를 듣고 신나게 따라 불러요.

❷ **스티커 붙이기** 스티커를 붙이며 각 글자들이 만나 어떤 소리를 내는지 알고, 배운 소리가 들어간 단어를 읽어요.

Step 4 활동하기

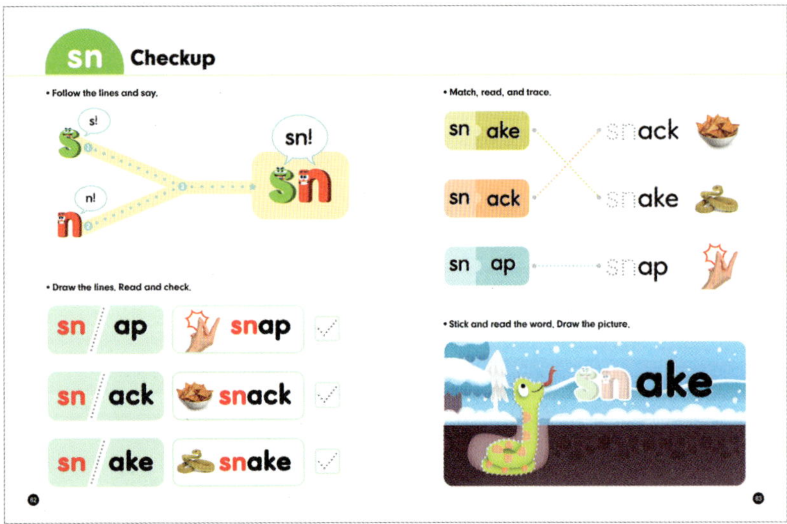

❶ **스스로 읽기** 선을 그어 블렌딩으로 글자 소리를 합쳐 단어를 읽어요.

❷ **스스로 쓰기** 완성된 글자를 스스로 따라 쓰며 단어를 익혀요.

Step 5 복습하기

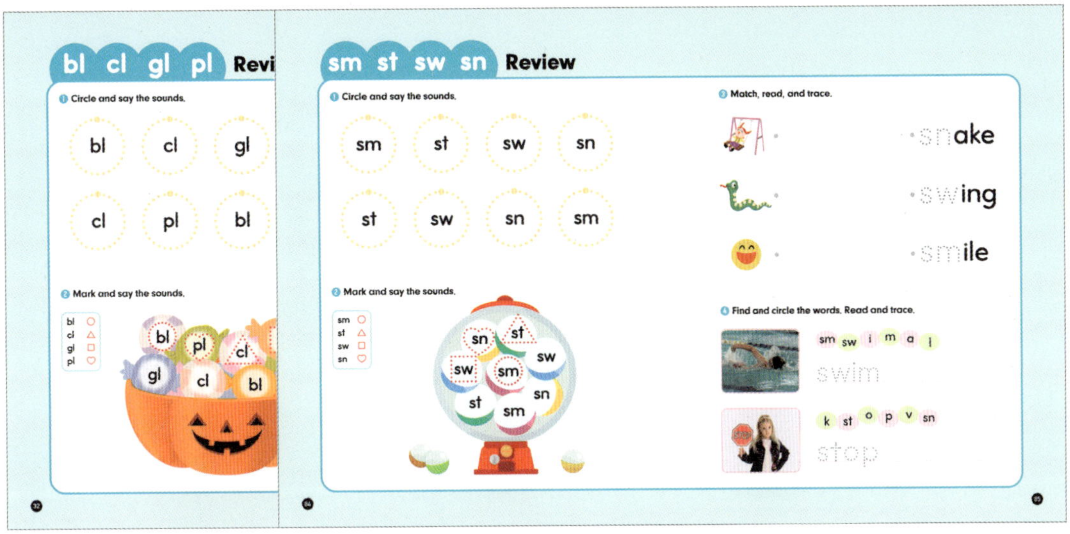

Review 앞에서 배운 소리와 단어를 복습해요. 다양한 연습문제를 풀어보며 글자와 소리를 연결하고, 단어를 읽어요.

Word Review 이중자음 소리가 들어간 단어를 읽고 쓰면서 한 권을 마무리해요.

Blending Sounds 이중자음 블렌딩

bl

cl

cr

dr

sm

st

한국어

자음 블렌딩송

English

Consonant Blends Song

gl

pl

gr

tr

sw

sn

bl Blending b와 l이 만나서 나는 소리

Lesson Guide

- 아이와 함께 bl 소리를 재미있게 따라 해 보세요.

  "bl 소리를 알아보자. b는 'ㅂ' 소리가 나고, l은 '을' 소리야. bl은 b의 'ㅂ'와 l의 '을' 소리를 그대로 이어서 'ㅂ을', 빠르게 말하면 '블' 소리가 나."

- 그림에서 bl이 들어간 단어를 찾아 손으로 짚어 보세요.

  Tip blue의 ue는 '우' 소리가 나요.

QR Scan ▶ Watch Repeat

black
검정

block
블록

blue
파랑

bl Word Chant

• Stick, point, and chant.

Watch Stick Chant

bl · ue » blue

bl · ack » black

bl · ock » block

bl

blue

black

block

bl Checkup

• Follow the lines and say.

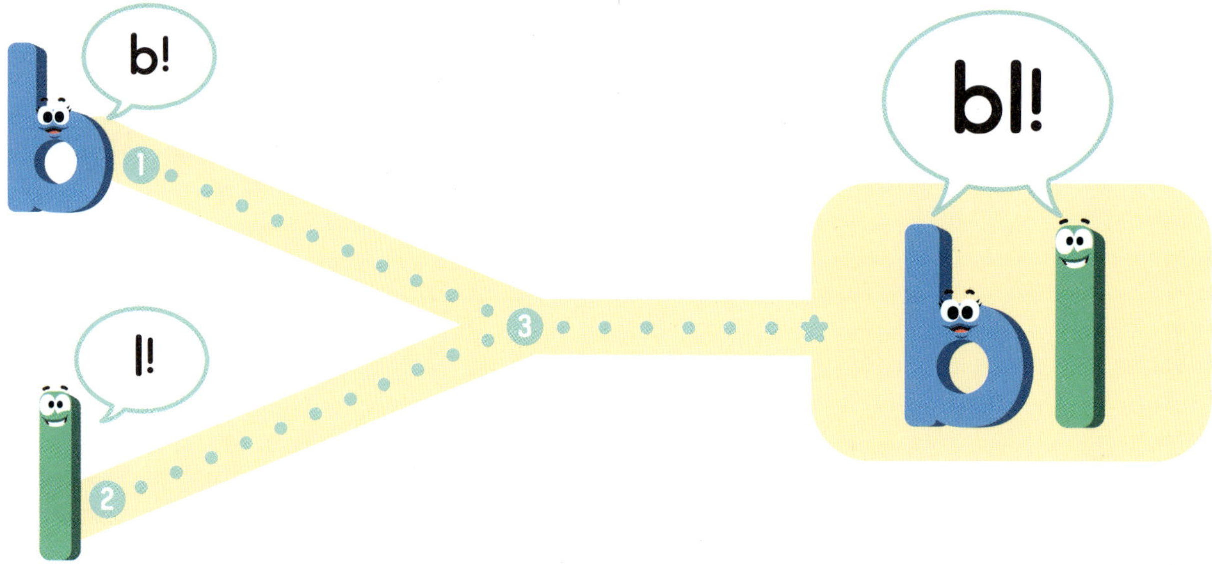

• Draw the lines. Read and check.

bl / ue

blue

bl / ack

black

bl / ock

block

• Match, read, and trace.

bl ack	blue	
bl ue	block	
bl ock	black	

• Stick and read the word. Draw the picture.

cl Blending c와 l이 만나서 나는 소리

Lesson Guide

- **아이와 함께 cl 소리를 재미있게 따라 해 보세요.**

  "cl은 어떤 소리일까? c는 'ㅋ', l은 '을' 소리가 나. cl은 두 소리를 이어서 'ㅋ을', 빠르게 말하면 '클' 소리가 돼!"

- **그림에서 cl이 들어간 단어를 찾아 손으로 짚어 보세요.**

  "clam이 공연을 하고 있어! 우리도 박수를 쳐 주자. clap, clap!"

QR Scan   Watch   Repeat

cl Word Chant

• Stick, point, and chant.

Watch Stick Chant

cl · am » clam

cl · ap » clap

cl · ock » clock

clam

clap

clock

cl Checkup

• Follow the lines and say.

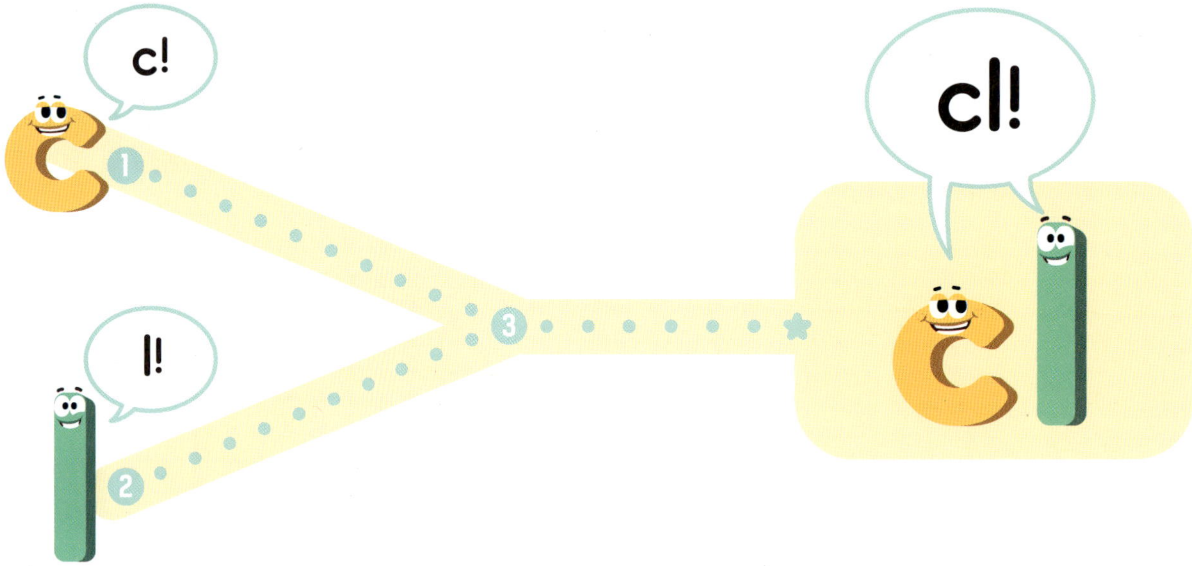

• Draw the lines. Read and check.

cl / am  clam ☐

cl / ap  clap ☐

cl / ock  clock ☐

• **Match, read, and trace.**

cl ap	clock 
cl am	clam 
cl ock	clap 

• **Stick and read the word. Draw the picture.**

gl Blending g와 l이 만나서 나는 소리

Lesson Guide

- **아이와 함께 gl 소리를 재미있게 따라 해 보세요.**

  "**gl**은 **g**의 'ㄱ' 소리와 **l**의 '을' 소리를 이으면 돼. 그래서 **gl**은 'ㄱ을', 빠르게 말하면 '글' 소리야."

- **그림에서 gl이 들어간 단어를 찾아 손으로 짚어 보세요.**

  "아이가 물건을 팔고 있어. 둥근 **globe**와 **glass**도 있네."

GARAGE SAL
SALE
glad
기쁜
globe
지구본
glass
유리컵
Find the pictures!

gl Word Chant

• **Stick, point, and chant.**

Watch Stick Chant

gl · ad » glad

gl · ass » glass

gl · obe » globe

gl

glad

glass

globe

gl Checkup

• Follow the lines and say.

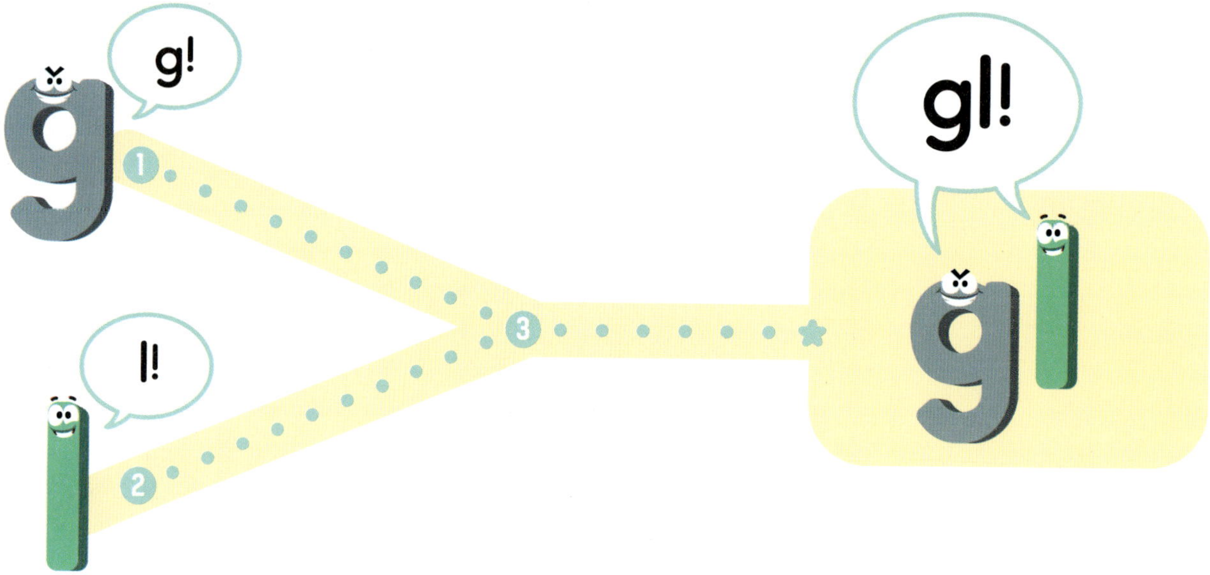

• Draw the lines. Read and check.

gl / ad	 glad	☐
gl / ass	 glass	☐
gl / obe	 globe	☐

• **Match, read, and trace.**

gl obe

gl ass

gl ad

glad 

globe 

glass 

• **Stick and read the word. Draw the picture.**

pl Blending p와 l이 만나서 나는 소리

Lesson Guide

- 아이와 함께 pl 소리를 재미있게 따라 해 보세요.

  "pl은 어떤 소리가 날까? p는 'ㅍ' 소리고, l은 '을' 소리였지.
  그래서 pl은 'ㅍ'와 '을' 소리를 이어서 'ㅍ을', 빠르게 말하면 '플' 소리야."

- 그림에서 pl이 들어간 단어를 찾아 손으로 짚어 보세요.

  "아이가 plane을 타고 여행하네! 외계인들이 plum과 plate를 들고 있어."

QR Scan Watch Repeat

plum
자두

plate
접시

plane
비행기

Find the pictures!

pl Word Chant

• **Stick, point, and chant.**

Watch Stick Chant

pl · um » plum

pl · ane » plane

pl · ate » plate

pl

plum

plane

plate

pl Checkup

• Follow the lines and say.

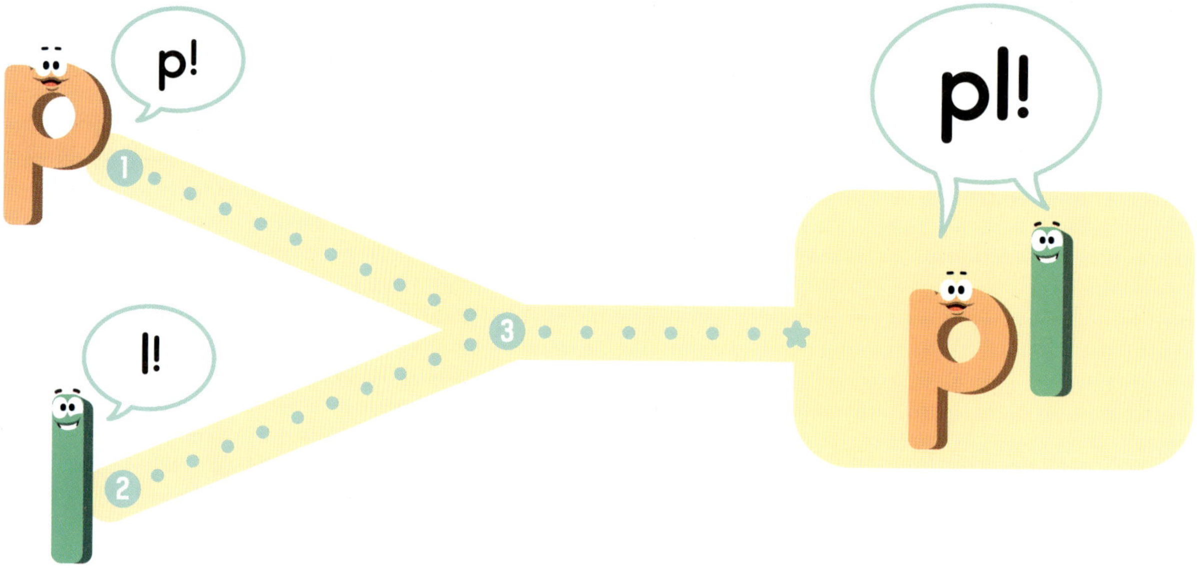

• Draw the lines. Read and check.

pl / um

 plum

pl / ane

 plane

pl / ate

 plate

• Match, read, and trace.

pl um	plane 
pl ane	plum 
pl ate	plate 

• Stick and read the word. Draw the picture.

bl cl gl pl Review

1 Circle and say the sounds.

bl cl gl pl

cl pl bl gl

2 Mark and say the sounds.

bl	○
cl	△
gl	□
pl	♡

3 **Match, read, and trace.**

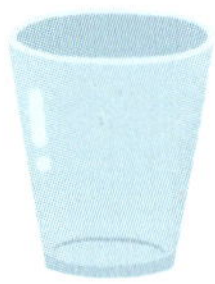

glass

block

plane

4 **Find and circle the words. Read and trace.**

z b cl a p bl

clap

gl o b e pl t

globe

cr Blending c와 r이 만나서 나는 소리

Lesson Guide

- **아이와 함께 cr 소리를 재미있게 따라 해 보세요.**

  "cr 소리를 알아보자. c는 'ㅋ' 소리고, r은 '얼' 소리야.
  그래서 cr은 c의 'ㅋ'와 r의 '얼' 소리를 이어서 'ㅋ얼' 소리가 나."

- **그림에서 cr이 들어간 단어를 찾아 손으로 짚어 보세요.**

  "두더지가 crane으로 뭘 하는 걸까? 집을 옮기고 있네! crab의 집인가?"

QR Scan Watch Repeat

cr Word Chant

• Stick, point, and chant.

c r » cr

c r » cr

cr cr cr

Watch Stick Chant

cr · ab » crab

cr · ack » crack

cr · ane » crane

crab

crack

crane

cr Checkup

• Follow the lines and say.

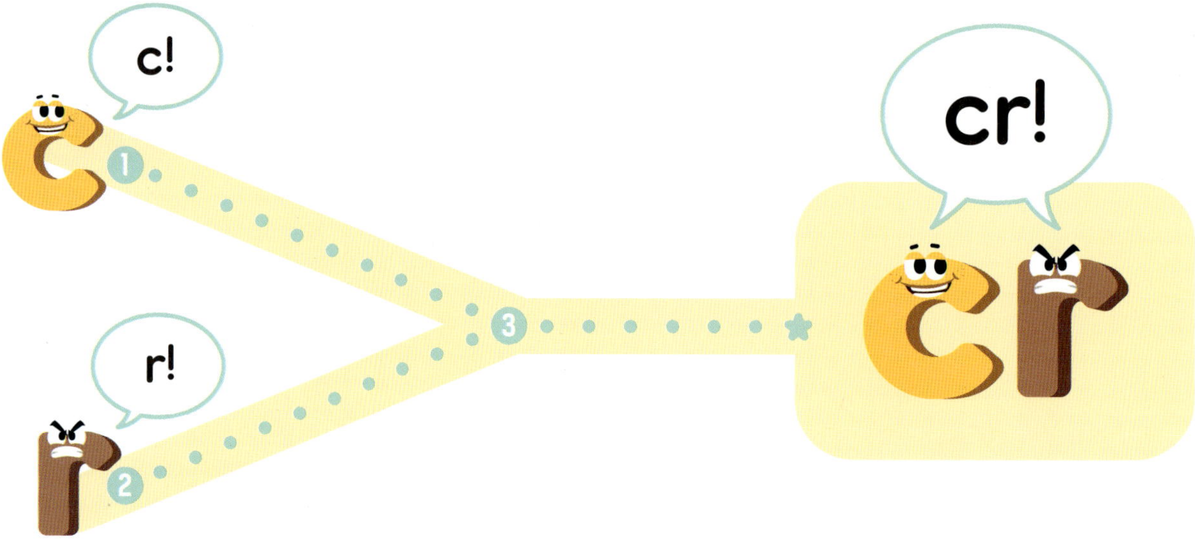

• Draw the lines. Read and check.

cr / ab

crab

cr / ack

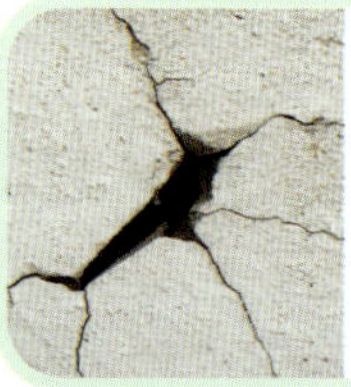

crack

cr / ane

crane

• **Match, read, and trace.**

cr ab — crab 

cr ack — crane 

cr ane — crack 

• **Stick and read the word. Draw the picture.**

dr Blending d와 r이 만나서 나는 소리

Lesson Guide

- 아이와 함께 dr 소리를 재미있게 따라 해 보세요.

  "dr은 어떤 소리일까? d는 'ㄷ' 소리고, r은 '얼' 소리야. 그래서 dr은 'ㄷ얼'로 소리나는데, 빠르게 말하면 'ㄷ' 소리가 'ㅈ' 소리처럼 들려서 'ㅈ얼' 소리가 나."

  Tip d 뒤에 r이 오면 d의 'ㄷ' 소리가 자연스럽게 'ㅈ' 소리로 변해요. 예를 들어, dress는 '드레스' 보다 '쥬레스'로 발음하면 더 자연스러워요.

- 그림에서 dr이 들어간 단어를 찾아 손으로 짚어 보세요.

drum

드럼

drink

마시다

dress

드레스

Find the pictures!

dr Word Chant

• Stick, point, and chant.

Watch Stick Chant

dr · um » drum

dr · ess » dress

dr · ink » drink

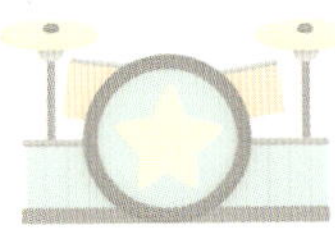
drum

dress

drink

dr Checkup

• Follow the lines and say.

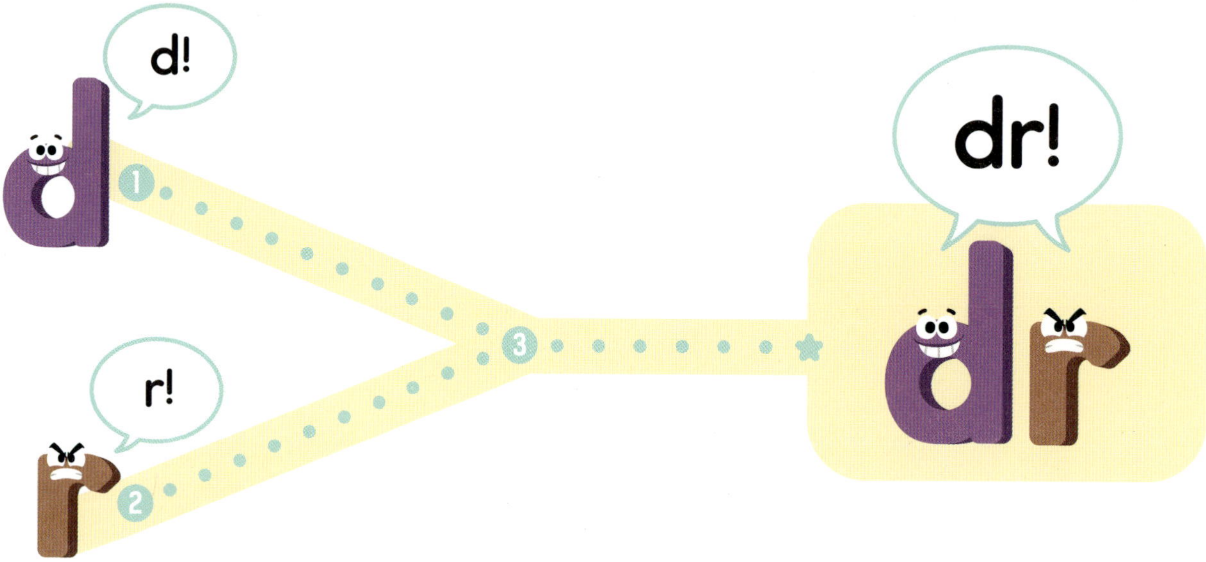

• Draw the lines. Read and check.

dr / um —  **drum**

dr / ess —  **dress**

dr / ink —  **drink**

• **Match, read, and trace.**

dr ess

dr ink

dr um

drink 

drum 

dress 

• **Stick and read the word. Draw the picture.**

gr Blending g와 r이 만나서 나는 소리

Lesson Guide

- 아이와 함께 gr 소리를 재미있게 따라 해 보세요.
  "gr은 g의 'ㄱ' 소리와 r의 '얼' 소리를 이으면 돼. 그래서 gr은 'ㄱ얼' 하고 소리 내는 거야."
- 그림에서 gr이 들어간 단어를 찾아 손으로 짚어 보세요.
  Tip 포도 한 알은 grape이고, 포도송이는 grapes라고 해요.

QR Scan Watch Repeat

gr Word Chant

• Stick, point, and chant.

Watch Stick Chant

gr · ass » grass

gr · ill » grill

gr · apes » grapes

gr

grass

grill

grapes

gr Checkup

• Follow the lines and say.

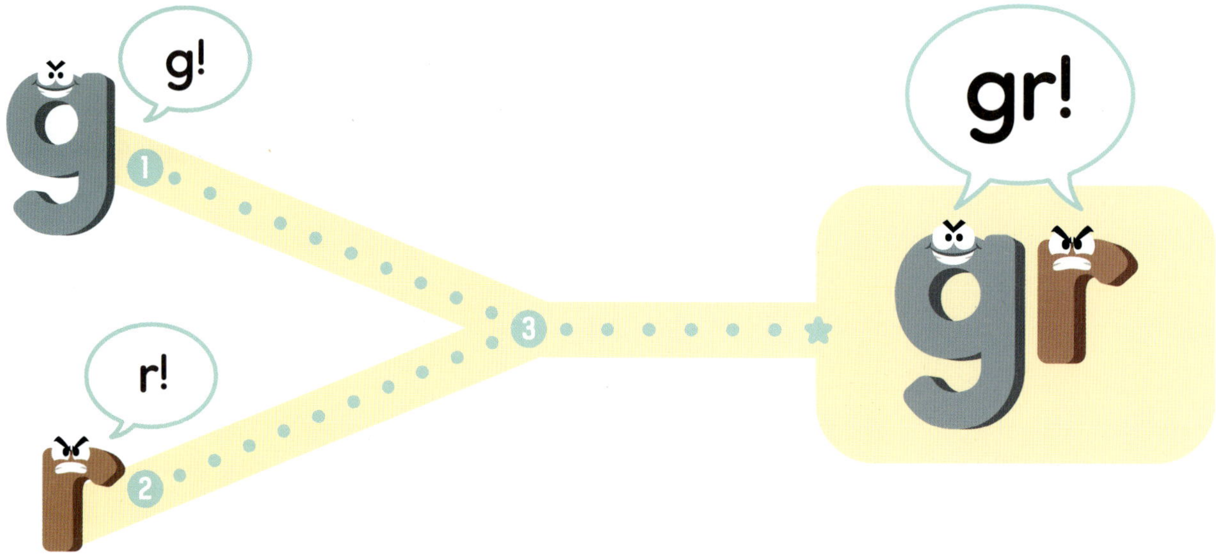

• Draw the lines. Read and check.

gr / ass		grass	✓
gr / ill	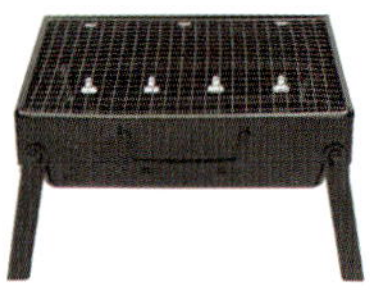	grill	✓
gr / apes		grapes	✓

• Match, read, and trace.

gr apes	grass 
gr ill	grill 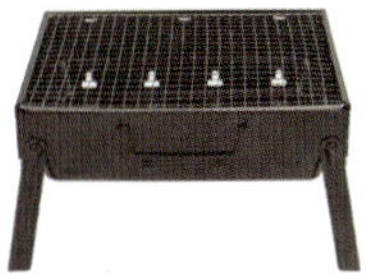
gr ass	grapes 

• Stick and read the word. Draw the picture.

tr Blending t와 r이 만나서 나는 소리

Lesson Guide

- 아이와 함께 tr 소리를 재미있게 따라 해 보세요.

  "tr 소리를 알아보자. 'ㅌ' 소리가 나는 t와 '얼' 소리가 나는 r이 만났어. 그런데 t는 r과 만나면 'ㅌ' 소리가 'ㅊ' 소리처럼 들려. 그래서 tr은 'ㅊ얼' 하고 소리 나."

  Tip t 뒤에 r이 오면 t의 'ㅌ' 소리가 자연스럽게 'ㅊ' 소리로 변해요. 예를 들어, trip은 '트륖' 보다 '츄륖'으로 발음하면 더 자연스러워요.

- 그림에서 tr이 들어간 단어를 찾아 손으로 짚어 보세요.

QR Scan ▶ Watch Repeat

tr

Word Chant

• Stick, point, and chant.

tr

tr

Watch Stick Chant

tr · ip » trip

tr · ack » track

tr · uck » truck

trip

track

truck

tr Checkup

• Follow the lines and say.

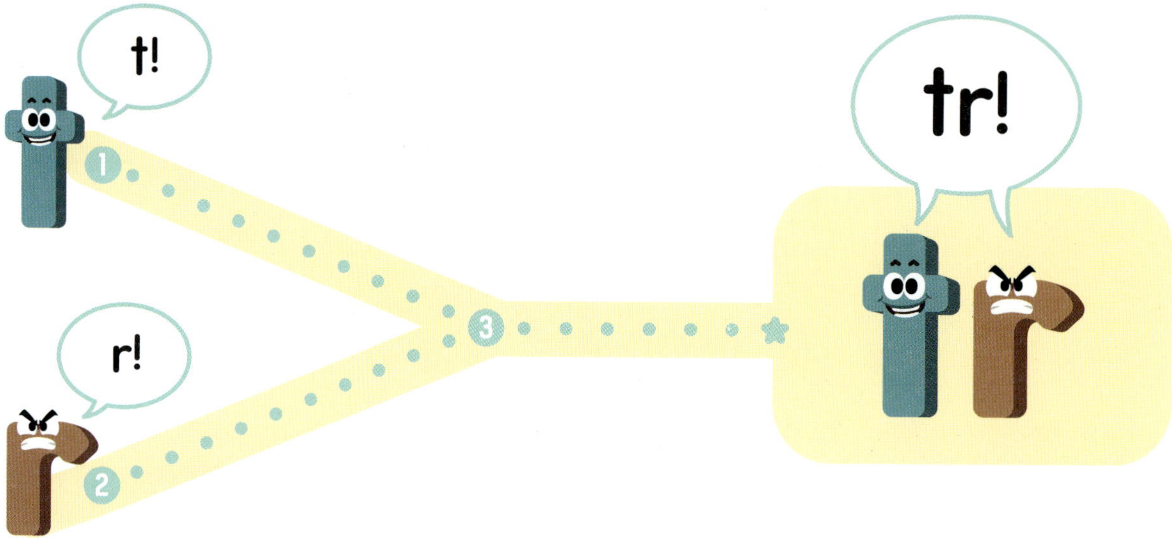

• Draw the lines. Read and check.

tr / ip	 trip	✓
tr / ack	 track	✓
tr / uck	 truck	✓

• Match, read, and trace.

tr ip	track	
tr uck	trip	
tr ack	truck	

• Stick and read the word. Draw the picture.

cr dr gr tr Review

❶ Circle and say the sounds.

cr dr gr tr

gr cr tr dr

❷ Mark and say the sounds.

cr	○
dr	△
gr	□
tr	♡

3 **Match, read, and trace.**

dress

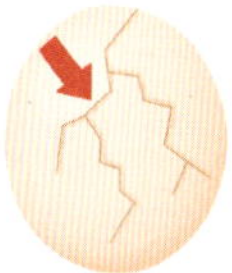

truck

crack

4 **Find and circle the words. Read and trace.**

cr d gr a ss pl

grass

h tr i p s dr

trip

sm Blending s와 m이 만나서 나는 소리

Lesson Guide

- 아이와 함께 sm 소리를 재미있게 따라 해 보세요.

  "sm은 무슨 소리가 날까? s는 'ㅅ', m은 '음' 소리가 나.
  그래서 sm은 'ㅅ'와 '음' 소리를 이어서 'ㅅ음', 빠르게 말하면 '슴' 소리가 나!"

- 그림에서 sm이 들어간 단어를 찾아 손으로 짚어 보세요.

  "맛있는 피자를 만들자. 킁킁, 피자의 smell! 기분 좋아서 smile!"

QR Scan Watch Repeat

sm Word Chant

• Stick, point, and chant.

sm

sm

Watch Stick Chant

sm · ell » smell

sm · ile » smile

sm · oke » smoke

sm

smell

smile

smoke

sm Checkup

• Follow the lines and say.

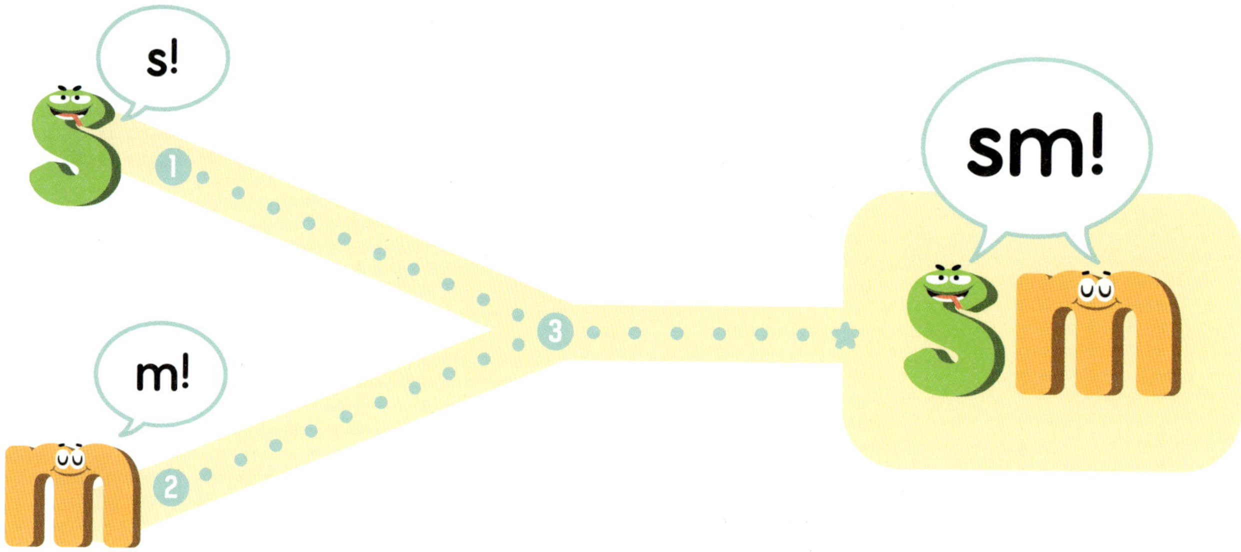

• Draw the lines. Read and check.

sm / ell

smell

sm / ile

smile

sm / oke

smoke

• **Match, read, and trace.**

sm ell	smile	
sm oke	smoke	
sm ile	smell	

• **Stick and read the word. Draw the picture.**

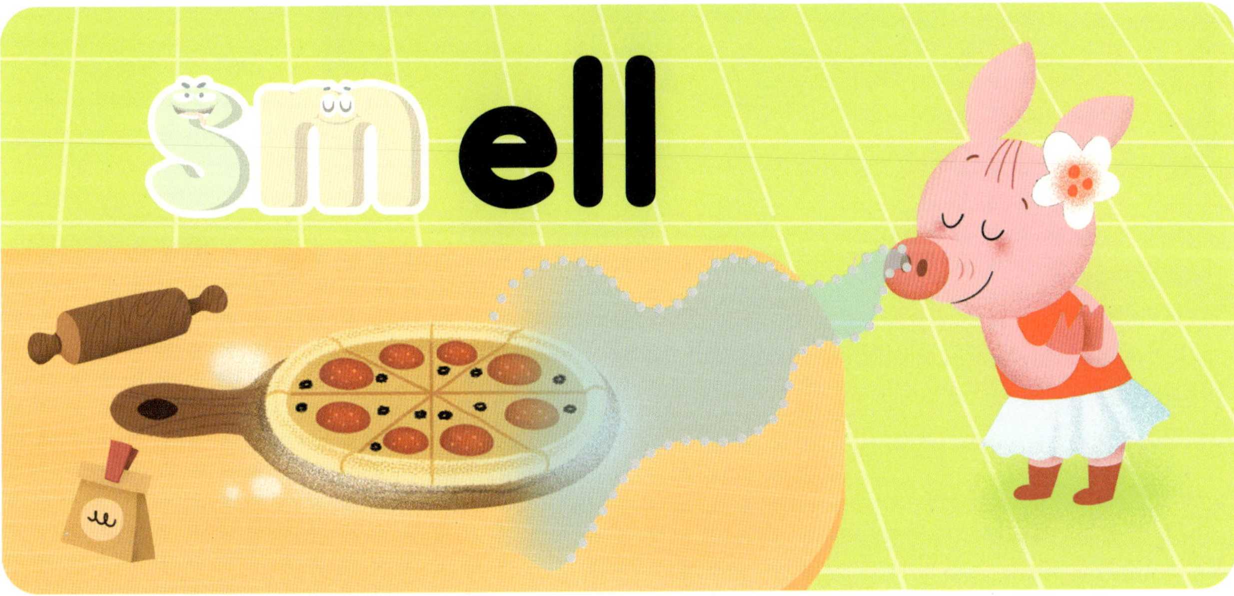

st Blending s와 t가 만나서 나는 소리

Lesson Guide

- **아이와 함께 st 소리를 재미있게 따라 해 보세요.**

  "st는 어떤 소리일까? s는 'ㅅ' 소리가 나고, t는 'ㅌ' 소리였지.
  st는 s와 t의 소리를 이어서 'ㅅㅌ' 소리가 나."

- **그림에서 st가 들어간 단어를 찾아 손으로 짚어 보세요.**

  "마시멜로를 stick에 꽂아 구우면 정말 맛있어!"

QR Scan   Watch   Repeat

stop

멈추다

stick

나뭇가지

stone

돌

Find the pictures!

st Word Chant

• Stick, point, and chant.

st

st

Watch Stick Chant

st · op » stop

st · ick » stick

st · one » stone

stop

stick

stone

st Checkup

• Follow the lines and say.

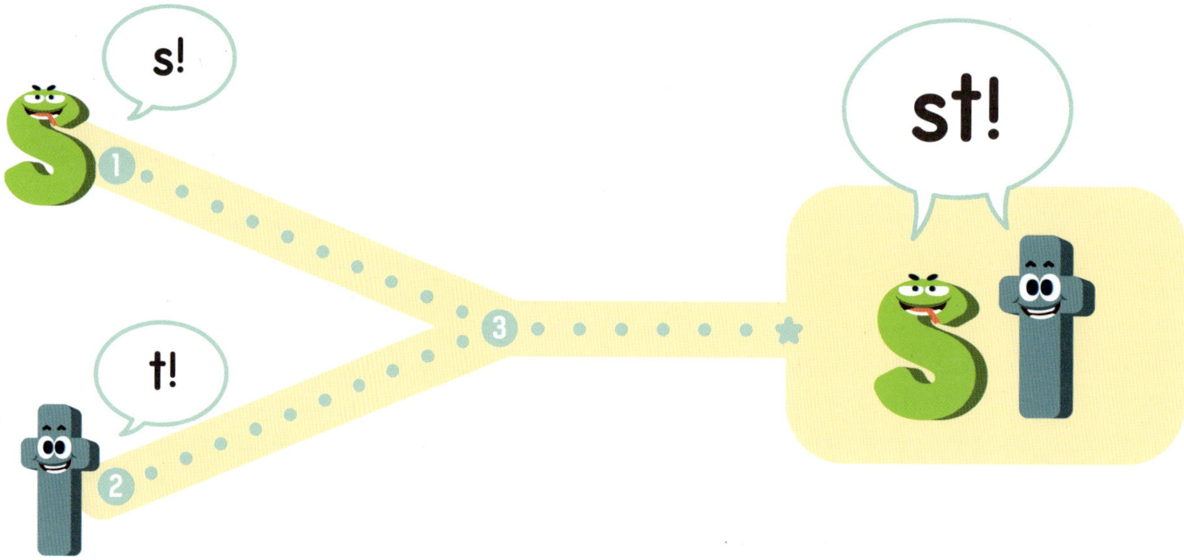

• Draw the lines. Read and check.

st / op

stop

st / ick

stick

st / one

stone

• Match, read, and trace.

st ick

st op

st one

stone 

stick 

stop 

• Stick and read the word. Draw the picture.

sw Blending s와 w가 만나서 나는 소리

Lesson Guide

- **아이와 함께 sw 소리를 재미있게 따라 해 보세요.**

  "sw 소리를 알아보자. s는 'ㅅ' 소리가 나고, w는 '워' 소리가 나. 그래서 sw는 'ㅅ'와 '워'를 부드럽게 이어서 'ㅅ워' 소리야."

- **그림에서 sw가 들어간 단어를 찾아 손으로 짚어 보세요.**

  Tip Swiss처럼 나라 이름의 첫 글자는 대문자를 써요.

Scan Watch Repeat

sw Word Chant

• Stick, point, and chant.

s w » sw

s w » sw

sw sw sw

Watch Stick Chant

sw · im » swim

sw · ing » swing

Sw · iss » Swiss

swim

swing

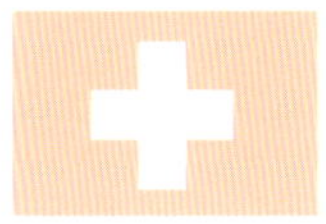

Swiss

sw Checkup

• Follow the lines and say.

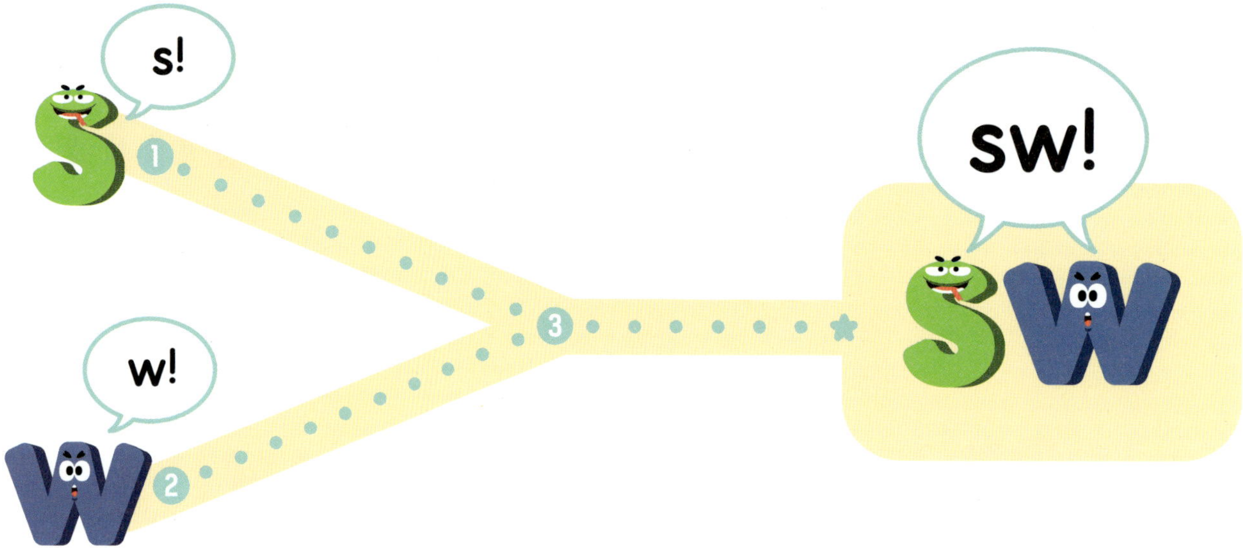

• Draw the lines. Read and check.

sw / im	 swim	☐
sw / ing	 swing	☐
Sw / iss	 Swiss	☐

• Match, read, and trace.

Sw iss	Swiss 
sw im	swing 
sw ing	swim 

• Stick and read the word. Draw the picture.

sn Blending s와 n이 만나서 나는 소리

Lesson Guide

- 아이와 함께 sn 소리를 재미있게 따라 해 보세요.

  "sn 소리는 s의 'ㅅ' 소리와 n의 '은' 소리를 이으면 돼. 두 소리를 이어서 'ㅅ은', 빠르게 말하면 '슨' 하고 소리 나."

- 그림에서 sn이 들어간 단어를 찾아 손으로 짚어 보세요.

  "다람쥐가 도토리 snack을 냠냠 맛있게 먹네. snake도 먹고 싶은지 혀를 날름거려."

Scan Watch Repeat

sn Word Chant

• Stick, point, and chant.

Watch Stick Chant

sn · ap » snap

sn · ack » snack

sn · ake » snake

snap

snack

snake

sn Checkup

• Follow the lines and say.

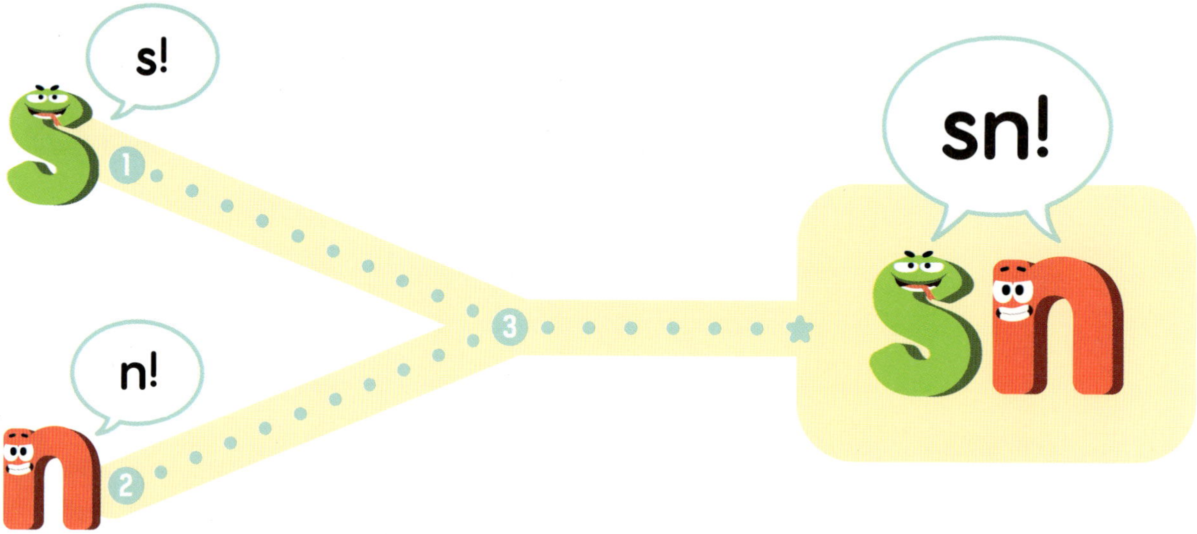

• Draw the lines. Read and check.

sn / ap	 snap	☐
sn / ack	 snack	☐
sn / ake	 snake	☐

• **Match, read, and trace.**

sn ake	snack	
sn ack	snake	
sn ap	snap	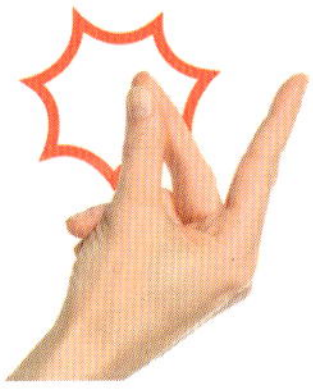

• **Stick and read the word. Draw the picture.**

sm st sw sn Review

❶ Circle and say the sounds.

sm st sw sn

st sw sn sm

❷ Mark and say the sounds.

sm ○
st △
sw □
sn ♡

3 **Match, read, and trace.**

snake

swing

smile

4 **Find and circle the words. Read and trace.**

sm sw i m a l

swim

k st o p v sn

stop

Word Review 단어 완성하기

block

clock

crab

drum

smell

stone

globe

plane

grapes

truck

Swiss

snake

Answer

Review 1 pp. 32-33

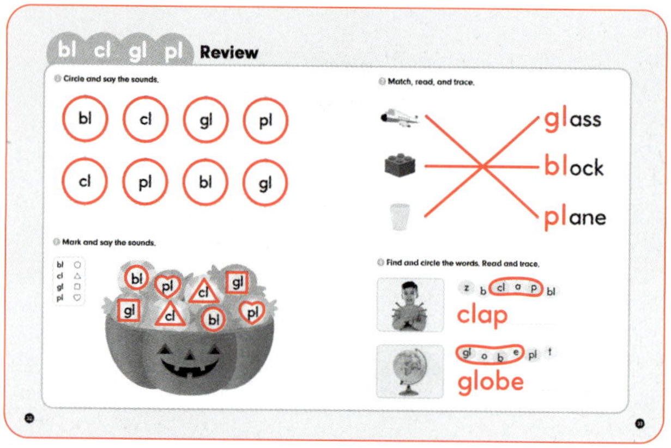

Review 2 pp. 58-59

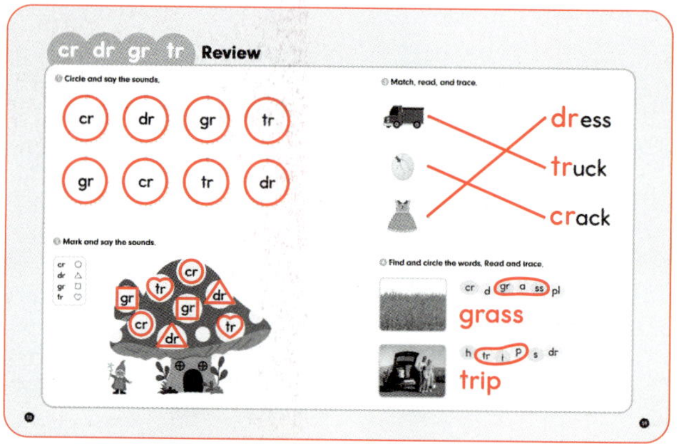

Review 3 pp. 84-85

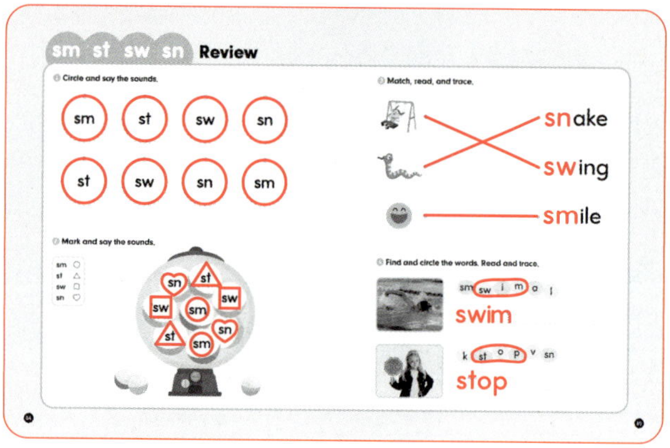

pp. 10-13

b bl bl

black block

pp. 16-19

c cl cl

clam clock

pp. 22-25

g gl gl

glass globe

pp. 28-31

p pl pl

plum

plate

pl

pp. 36-39

c cr cr

crab

crane

cr

pp. 42-45

d dr dr

drum

dress

dr

pp. 48-51

g gr gr

grill

grapes

gr

pp. 54-57

t tr tr

trip

truck

tr

pp. 62-65

m sm sm

smell

smile

sm

pp. 68-71

t st st

stop

stone

st

pp. 74-77

w sw sw

swing

Swiss

sw

pp. 80-83

n sn sn

snap

snack

sn